Début d'une série de documents
en couleur

ÉTUDES

SUR LES

PÉNITENTIELS

IV

PAR

PAUL FOURNIER

Extrait de la *Revue d'histoire et de littérature religieuses*,
t. VIII, 1903, n° 6; t. IX, 1904, n° 2.

MACON

PROTAT FRÈRES, IMPRIMEURS

1904

La *Revue d'histoire et de littérature religieuses* paraît tous les deux mois, par fascicules de six feuilles d'impression (96 pages), et forme chaque année un fort volume de 568 pages environ.

Conditions de l'abonnement :

France et colonies........   10 fr. »   par an.
Étranger...,............   12 fr. 50   —
Un numéro pris séparément.   2 fr. 50.

Adresser les abonnements et toute communication à l'*Administration de la Revue d'histoire et de littérature religieuses*, 74, boulevard Saint-Germain, Paris, 5ᵉ.

Le meilleur mode d'envoi est un mandat-poste ou un chèque à vue sur Paris. Si l'on préfère que nous fassions opérer le recouvrement, l'abonné aura, dans ce cas, à payer, *en plus*, pour les frais, 0 fr. 50 pour la France, et 1 franc pour l'Europe.

Les abonnements partent du mois de janvier et sont exigibles après la publication du premier numéro de chaque année.

MM. les Éditeurs de l'étranger sont priés d'envoyer franco et directement (non par commissionnaire), à la Revue d'histoire et de littérature religieuses, 74, boulevard Saint-Germain, Paris, 5ᵉ, les ouvrages dont ils désirent un compte rendu.

Les droits de propriété, de traduction et de reproduction sont expressément réservés.

La *Revue d'histoire et de littérature religieuses* est purement historique et critique.

MACON, PROTAT FRÈRES, IMPRIMEURS

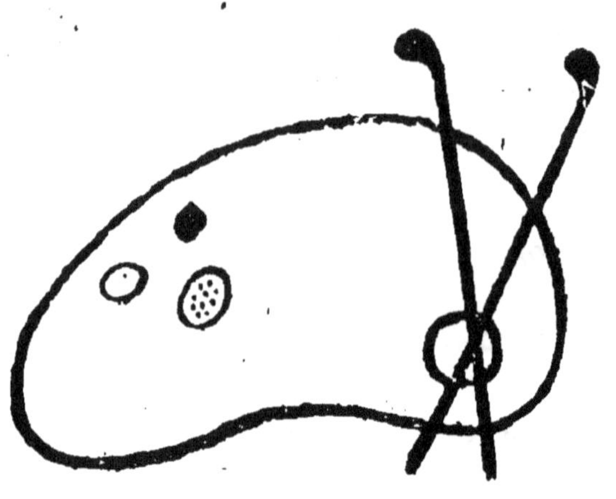

Fin d'une série de documents
en couleur

ÉTUDES SUR LES PÉNITENTIELS

IV

LIVRE VI DU PÉNITENTIEL D'HALITGAIRE

Dans la série des Pénitentiels qu'il présente comme appartenant au groupe romain, Mgr Schmitz place le VI° livre du recueil d'Halitgaire, évêque de Cambrai sous le règne de Louis le Pieux [1]. On sait que ce prélat fut invité par son métropolitain, le célèbre Ebbon de Reims, à composer une collection pénitentielle tirée de sources dignes de confiance, *ex Patrum dictis canonumque sententiis*. On sait aussi qu'Halitgaire s'acquitta de cette tâche à une époque qui doit se placer entre 817 et 830 et qui peut-être n'est pas éloignée de 829, date où le concile de Paris, animé de dispositions réformatrices analogues à celles d'Ebbon, s'occupa de la question des pénitentiels.

L'ouvrage d'Halitgaire est composé de six livres. Les deux premiers, intitulés : *de vitiis octo principalibus* et *de vita activa et contemplativa*, sont faits d'extraits moraux empruntés aux ouvrages des Pères, saint Grégoire le Grand saint Augustin et autres. Le troisième traite *de ordine paenitentium*, le quatrième *de vitiis laicorum*, le cinquième *de ordinibus clericorum* ; ce sont des recueils canoniques, du genre de la collection dite *Dacheriana*, où sont réunis des textes relatifs à la pénitence, puisés dans les conciles et les décrétales. Enfin l'ouvrage se termine par un

1. Sur Halitgaire, voir MAASSEN, *Geschichte der Quellen und der Literatur des canonischen Rechts*, I, p. 863, et aussi les notices précédant diverses éditions du pénitentiel indiquées ci-dessous.

sixième livre qui, celui-là, est un véritable pénitentiel,
ressemblant aux nombreux tarifs de pénitence répandus
au VIII⁰ et au IX⁰ siècle dans l'Empire franc. C'est ce pénitentiel qu'Halitgaire lui-même, dans la préface par lui
rédigée, présente comme *de scrinio Romanae ecclesiae
adsumptus.*

Canisius, qui le premier a publié le recueil d'Halitgaire,
n'en a imprimé que les livres I à V [1]. Ceci tient évidem-
ment à ce fait que, ayant pris pour base de son édition le
ms. 570 de S.-Gall, il a cru pouvoir considérer comme
quantité négligeable le court extrait du livre VI qui, dans
ce manuscrit, est placé après l'*Explicit* du *liber quintus.*
Les éditeurs postérieurs n'ont pas commis cette erreur :
ils ont publié le livre VI à la suite des cinq premiers. Il
n'y a, en effet, aucune raison de croire que le recueil ait
paru tout d'abord en cinq livres (I à V), et que le VI⁰ livre
ait été ajouté après coup. Ce VI⁰ livre est une portion inté-
grante de l'œuvre primitive. Telle est la conclusion qui
découle de l'examen des nombreux manuscrits d'Halitgaire
qui ont été conservés ; cette conclusion a été bien mise
en lumière par une étude du P. de Nostitz-Rieneck [2]. Elle
est aussi corroborée par une autre constatation. Le quatrième livre d'un pénitentiel en quatre parties [3], œuvre
d'une époque plus avancée du IX⁰ siècle, a utilisé le recueil
d'Halitgaire, qui lui était certainement antérieur : or, il
cite successivement le livre IV et le livre VI. Il est donc

1. *Antiquae Lectiones* (1604), V, II, p. 220 et s.

2. Voir les deux courtes études consacrées aux manuscrits et aux
éditions du livre VI d'Halitgaire par le R. P. von Nostitz-Rieneck,
S. J., dans la *Zeitschrift für katholische Theologie,* XIII (1889), p. 193-
200, et XX (1896), p. 566-571. Elles ont été résumées par Mgr Schmitz,
dans son ouvrage cité ci-dessous, II, p. 254 et s. — Aux manuscrits
d'Halitgaire énumérés par le P. von Nostitz, il faut ajouter le n⁰ 201 du
chapitre de Verceil.

3. Ed. Richter, Marbourg, 1843. Sur cette collection, voir Maassen,
op. cit., p. 852 et s.

clair que l'auteur de ce recueil tirait ses extraits d'un Halitgaire en six livres [1]. Ainsi se vérifie l'assertion de Flodoard : « Halitgarius Cameracensis episcopus sex libellos de remediis peccatorum et ordine et judiciis paenitentiae conscripsit [2]. »

La question qui se pose à nous est celle de savoir si ce livre VI ou pénitentiel d'Halitgaire est vraiment un pénitentiel romain. Pour résoudre ce problème, la méthode à suivre est celle que nous avons suivie en étudiant d'autres tarifs pénitentiels. Elle consiste à examiner successivement chacun des canons dont est composé ce recueil que l'on prétend être romain.

Il existe plusieurs leçons du pénitentiel d'Halitgaire [3]. Si je me proposais d'en donner une édition, il me faudrait choisir, entre les divers textes, celui qui paraîtrait le meilleur. Mais, comme les diverses leçons ne présentent aucune différence essentielle, je crois pouvoir renvoyer le lecteur au texte de dom Ménard et du P. Morin, tel que le donne Mgr Schmitz dans son second volume ; ce texte

---

1. Halitgaire, VI, 28 et 29 = *Quadripartitus*, IV, 123 et 124.
       1, 3 et 5 =   88, 89, 92.
          34 =   96

Il est clair que c'est le pénitentiel d'Halitgaire qui est cité et désigné sous le nom de *Paenitentiale Romanum* dans le *Quadripartitus*

D'autre part, l'auteur du *Quadripartitus* a emprunté au livre IV d'Halitgaire ; ainsi

      Halitg. IV, 27 = *Quadrip.*, IV. 143
             26 =   144, 145 et 146
             31 =   147

Ajoutez-y que :
          IV, 3 =   93
             6 =   97
             3 =   99, etc.

2. *Historia Ecclesiae Remensis*, II, c. 19 : *Monumenta Germaniae, Scriptores*, XIII, p. 467.

3. Le texte du recueil d'Halitgaire a été publié pour la première fois, au commencement du xviie siècle, par Canisius (*Antiquae lectiones*,

présente l'avantage d'une numérotation continue, qui rend les renvois faciles. Sur quelques points la leçon de dom Ménard semble corrompue ; il est facile d'y suppléer en recourant aux autres textes, par exemple à celui qu'a édité Wasserschleben.

Les travaux de Mgr Schmitz ont mis en lumière ce fait que trois séries principales de canons pénitentiels circulaient dans l'Empire franc au cours du viiie siècle. La première comprenait les dispositions tirées plus particulièrement des compilations en vigueur dans l'Église universelle et méritait ainsi le nom de canonique ; dans la seconde étaient réunis des canons se rattachant, par leur origine, vraie ou présumée, à des personnage de l'Église celtique et notamment à Cumméan ; enfin la troisième,

V., ii, p. 220 et s.) ; mais cette édition ne comprenait que les livres I à V. Le VIe livre, réduit à fort peu de chose dans le manuscrit que suivait l'éditeur (S. Gall, 1570) avait été omis par lui. C'est Stevart qui, en 1616, publia le livre VI dans son *Tomus singularis insignium auctorum*. — Un texte quelque peu différent de ce livre fut publié par dom Ménard, dans ses notes sur le Sacramentaire Grégorien, d'après un manuscrit de Corbie, qui est actuellement le n° 12.315 du fonds latin à la Bibl. nat. (*Patrologia latina*, LXXVIII, col. 450 et s.). Ce texte a été reproduit par le P. Morin, dans son *Commentarius historicus de disciplina in administratione sacramenti paenitentiae* (édit. d'Anvers, 1682, Appendice, p. 5). — On trouve le livre VI sous ses deux formes dans divers recueils : par exemple dans l'édition augmentée que Basnage a donnée des *Antiquae lectiones* sous le titre de *Thesaurus monumentorum ecclesiasticorum*, II, ii, p. 87 et s. ; cf. *Patrologia latina*, CV, col. 649 et s. — Wasserschleben a publié le livre VI d'après le manuscrit 676 de S. Gall (*die Bussordnungen der abendländischen Kirche*, p. 360 et s.; cf. p. 58). Mgr Schmitz a publié ce texte d'après le manuscrit 3909 de la Bibliothèque royale de Munich (*Die Bussbücher*, I, *die Bussbücher und die Disciplin der Kirche*, p. 471 et s.). Dans le tome II du même ouvrage, à la suite des livres III et V, imprimés d'après un manuscrit Hamilton, il a réimprimé le texte de Morin (*Die Bussbücher*, II, *die Bussbücher und das kanonische Bussverfahren*, p. 294 et s.). Sur les éditions d'Halitgaire, voyez Nostitz-Rieneck, dans la *Zeitschrift für katholische Theologie*, XIII (1889), p. 194-195.

1. Voir surtout le chapitre de son tome II consacré aux pénitentiels triples, p. 159 et s.

faite de canons circulant sous le nom de Théodore, le célèbre archevêque qui gouvernait à la fin du viie siècle l'église de Canterbury, représentait l'élément anglo-saxon. Ces trois éléments étaient inégalement répartis dans les pénitentiels. Il y avait des recueils où prédominait l'élément canonique ; parfois à cet élément s'ajoutait, en des proportions plus ou moins considérables, l'élément celtique. Enfin, les recueils les plus complets sont ceux qui comprennent aussi la troisième série de canons ; celle de Théodore. Dans ces recueils tripartites, tantôt les séries demeurent distinctes : c'est le cas des pénitentiels connus sous le nom de *Sangallense tripartitum* et de *Capitula Judiciorum* [1] ; tantôt elles sont juxtaposées de façon à ne former qu'une série unique, comme dans le pénitentiel de Mersebourg [2] ; tantôt les séries elles-mêmes ont été disloquées, et les éléments empruntés aux diverses séries ont été répartis, d'après un plan plus ou moins méthodique, sans qu'on eût égard à leur origine, comme dans le pénitentiel *Vallicellanum I*[um] [3]. En somme, l'Église franque a plus ou moins additionné ses pénitentiels canoniques de dispositions empruntées, suivant les circonstances, aux recueils d'importations insulaires. Or, je crois découvrir dans le livre VI d'Halitgaire trois séries distinctes : les canons 1-54, 55-77, 78-105. Je me propose de déterminer le rapport qui existe entre ces trois séries et les trois séries constituant, à des degrés divers, les pénitentiels francs de la fin du viiie siècle et du commencement du ixe.

1. Textes publiés dans SCHMITZ, II, p. 177 et s. ; p. 217 et s. Les *Capitula judiciorum* avaient été déjà publiés par Wasserschleben, sous le nom de *Paenitentiale XXXV capitulorum*, p. 505 et s.

2. Texte dans WASSERSCHLEBEN, p. 391 et s., et dans SCHMITZ, II, p. 358 et s.

3. Texte dans SCHMITZ, I, p. 289 et s. ; voir aussi l'étude antérieurement consacrée à ce pénitentiel dans la *Revue d'histoire et de littérature religieuses*, VI (1901), p. 289 et s.

CHAPITRE PREMIER

LA SÉRIE CANONIQUE (1-54)

I

En étudiant les canons de cette série, j'ai reconnu que le plus grand nombre présentaient une analogie, souvent parfaite, ou tout au moins très sensible, avec les canons de la série des *Judicia canonica* qui était répandue dans l'Empire franc dès le vii° siècle, ou avec d'autres canons dont l'origine canonique n'est point douteuse. Il a semblé indispensable de signaler cette analogie.

En outre, les canons de notre série se retrouvent, exactement ou avec des différences qui ne sont pas assez graves pour voiler l'origine commune, dans une famille de pénitentiels francs, du viii° siècle et du commencement du ix°, dont la plupart sont certainement antérieurs à Halitgaire. Cette famille comprend le pénitentiel dit de Bourgogne, qu'on ne saurait guère dater d'une époque postérieure au milieu du viii° siècle [1]; le pénitentiel de Bobbio, étroitement apparenté avec celui de Bourgogne dont il doit être presque contemporain [2]; le pénitentiel de Paris II (Bibl. nat., Latin, 7193), qui ne peut être postérieur au viii° siècle [3]; le pénitentiel de Saint-Hubert en Ardenne [4], que Wasserschleben attribue à la même époque [5]; le pénitentiel de Fleury-sur-Loire, contemporain des précédents [6]; le

1. SCHMITZ, II, p. 319 et s.
2. SCHMITZ, II, p. 322 et s.; WASSERSCHLEBEN, p. 407 et s. WASSERSCHLEBEN attribue le pénitentiel de Bobbio au vii° ou au viii° siècle (*op. cit.*, p. 58).
3. SCHMITZ, II, p. 326 et s.; WASSERSCHLEBEN, p. 412 et s. et p. 58.
4. WASSERSCHLEBEN, p. 377 et s.; SCHMITZ, II, p. 331 et s.
5. *Ibid.*, p. 58. SCHMITZ, émet un avis différent (cf. II, p. 332).
6. WASSERSCHLEBEN, p. 422 et s.; SCHMITZ, II, p. 340 et s.

pénitentiel de Mersebourg, fait sans doute, à la fin du viiie siècle, de la juxtaposition des trois séries principales [1]; le *Vallicellanum I^{um}* qui en procède et qui doit le suivre chronologiquement de peu d'années [2]; enfin le pénitentiel de Vienne qui est étroitement lié aux deux précédents [3]. Je ne crois pas m'avancer beaucoup en disant que toute cette famille de documents représente les pénitentiels en usage dans l'Empire franc de 750 à 825. J'ai cru utile d'indiquer, à propos des canons d'Halitgaire, les dispositions identiques ou analogues que j'ai rencontrées dans ce groupe de pénitentiels.

Telles sont les deux idées qui ont inspiré l'établissement des listes qu'on trouvera ci-après. Le chiffre placé en tête de chaque paragraphe indique le canon du livre VI d'Halitgaire dont il s'agit.

3. — Série canonique des *Capit. Judic.*, I, 1 (Burg. 3; Bob. 5; Paris. II, 2; Hubert. 3; Floriac. 3; Vindob. 3; Merseb. 3; Vallicel. I, 3).

4. — Se rattache au passage des *Capit. Judic.* (I, 1), où le laïque homicide, comme le clerc, est condamné à sept ans de pénitence, dont trois au pain et à l'eau. Cette disposition se retrouve dans le c. 1 de la série canonique du *Sangall. tripart.*

5. — Série canonique du *Sangall. tripart.*, 17, et des *Capit. Judic.*, III, 1 (cf. Burg. 19; Paris. II, 11; Hubert. 19; Floriac. 18; Vindob. 20; Merseb. 18; Vallicell. I, 10).

6. — Disposition plus développée dans les séries canoniques du *Sangall. tripart.*, 2, et des *Capit. Judic.*, VII, 1 (cf. Burg. 4; Bob. 3; Hubert. 4; Floriac. 4; Sangall. simplex, 10; Vindob. 4; Merseb. 4; Vallicell. I, 13).

8. — Ce texte se rapproche visiblement des textes canoniques suivants : *Sangall. tripart.*, 7; *Capit. Judic.*, VII, 6. (Il est appa-

---

1. Texte dans Schmitz, II, p. 358 et s. Cf. *Revue d'histoire et de littérature religieuses*, VI, p. 313-315.

2. Texte dans Schmitz, I, p. 239 et s. Voir la *Revue* précitée, VI, p. 289 et s.

3. Texte dans Schmitz, II, p. 351 et s.; Wasserschleben, p. 418 et s.

renté à Burg. 12; Bob. 11; Floriac. 12; Vindob, 12; Merseb.
12; Vallicell. I, 16.)

9. — La sanction est donnée par un renvoi au canon précédent ;
mais le texte présente une grande analogie avec les textes canoniques du *Sangall. tripart.*, 3 et des *Capit. Judic.*, VII, 2 (cf.
Burg. 13; Bob. 12; Paris. II, 8; Floriac. 13; Vindob. 13; Merseb.
13; Vallicell. I, 18).

10. — A rapprocher d'un texte canonique : *Capit. Judic.*, VII,
9. (Voir, avec sanction différente, mais une rédaction analogue,
Burg. 14; Hubert. 15; Floriac. 15; Vindob. 16; Merseb. 14;
Vallicell. I, 26.)

11. — A rapprocher des textes canoniques *Sangall. tripart.*
9, et *Capit. Judic.*, VII, 8 (cf. Burg. 16; Bob. 15; Paris. II,
38; Floriac. 16; Hubert. 17; Vindob. 16; Merseb. 16; Vallicell.
I, 23).

12. — Série canonique des *Capit. Judic.*, XI, 1[1] (cf. Burg.
50; Bob. 27; Paris. II, 30; Floriac. 28; Vindob. 14; Merseb. 28;
Vallicell. I, 114).

19. — Séries canoniques du *Sangall. tripart.*, 10, et des *Capit.
Judic.*, VIII, 1 (cf. Burg. 37; Bob. 33; Paris. II, 29; Hubert.
38; Floriac. 34; Vindob. 38; Merseb. 35; Vallicell. I, 17).

20. — Texte d'origine canonique : voir l'étude sur le Vallicell.
I[um], c. 12, Se retrouve dans Vindob. 49; Merseb. 45; Vallicell.
I, 12.

21. — Série canonique des *Capit. Judic.*, III, 1.

22 et 23. — Textes apparentés aux canons de la série canonique
du *Sangall. tripart.*, 14 et des *Capit. Judic.*, XV, 1[2].

24. — Répond au texte qui figure dans les séries canoniques
Sangall. tripart., 13, et plus complètement *Capit. Judic.*, XV,
1[3].

1. Le texte d'Halitgaire donné par Morin (SCHMITZ, II, p. 294) porte
six années. Mais les textes de Wasserschleben et du tome Ier de
Schmitz donnent la sanction ordinaire : dix années..

2. On peut constater des liens de parenté entre les c. 22-25 d'Halit
gaire sur le parjure et les textes suivants : Burg. 5 et 6; Bob. 6 et 7;
Paris. II, 4 et 5; Hubert. 6 et 7; Merseburg. 5 et 6; Vallicell. I, 48
et 49.

3. Il est à remarquer qu'un des quatre manuscrits des *Capit. Judic.*
connus de Mgr Schmitz place ce texte, non sous la rubrique *Judicium
canonicum*, mais sous celle *Judicium Commeani*.

25. — Se retrouve dans la série canonique [1] des *Capit. Judic.*, XV, 1.

26 et 27. — Rappellent avec des différences sensibles le c. 1 du titre XII (série canonique) des *Capit. Judic.* Le c. 26 se rapproche aussi beaucoup du c. 57 du Vallicell. I (Burg. 7; Bob. 8; Paris II, 6; Hubert. 8; Floriac. 7; Sangall. simplex, 5; Vindob. 8; Merseb. 7) qui semble bien d'origine canonique.

29. — Reproduit, avec une sanction plus sévère (sept ans au lieu de cinq ans), le texte canonique du *Sangall. tripart.*, 27 et des *Capit. Judic.*, XVI, 1 (cf. Burg. 15; Bob. 14; Paris. II, 9; Hubert. 16; Floriac. 16; Sangall. 23; Vindob. 17; Merseb. 15).

31. — Série canonique des *Capit. Judic.*, XVI, 1 (cf. Burg. 9, *veneficus* au lieu de *maleficus*; Bob. 9; Hubert. 10; Vindob. 10; Merseb. 9).

32. — Série canonique des *Capit. Judic.*, XVI, 1 (cf. Burg. 10; Bob. 10; Hubert. 11, avec des différences; Vindob. 10; Merseb. 10).

33. — Série canonique des *Capit. Judic.*, XIX (cf. Burg. 20; Bob. 20; Paris. II, 12; Hub. 20; Floriac. 19; Merseb. 167; Vallicell. I, 85).

34. — Série canonique des *Capit. Judic.* XVI, 1 (cf. Burg. 24; Bob. 22; Paris. II, 16; Floriac. 22; Vindob. 25; Merseb. 22; Vallicell. I, 86).

35. — Série canonique des *Capit. Judic.*, XVI, 1 (cf. Burg. 25; Paris. II, 17; Floriac. 23; Vindob. 26; Merseb. 23; Vallicell. I, 87).

36. — Série canonique des *Cap. Judic.*, XVIII (cf. Burg. 34; Bob. 30; Paris. II, 26; Hub. 35; Floriac. 31; Sangall. simplex, 28; Vindob. 35; Merseb. 32; Vallicell. I, 88).

37. — Séries canoniques du *Sangall. tripart.*, 25, et des *Capit. Judic.*, XVI (cf. Burg. 28; Bob. 25; Paris. II, 20; Hubert. 29, Floriac. 26; Sangall. simplex, 29; Vindob. 29; Merseb. 26; Valicell., Iᵘᵐ, 111).

38. — Série canonique du *Sangall. tripart.*, 23, et des *Capit. Judic.*, XVII (Burg. 29; Bob. 26; Paris. II, 21; Hubert. 30, avec différences; Floriac. 27; Vindob. 30; Merseb. 27; Vallicell. I, 113).

___

1. Même observation que sur le c. 24.

39. — Série canonique des *Capit. Judic.*, XVIII (Burg. 36; Paris. II, 28; Hubert. 36; Floriac. 33; Vindob. 37; Merseb. 34; Vallicell. I, 80).

40. — Texte canonique qui se retrouve dans Vallicell. I, 89 (voir l'étude sur le *Vallicell. I*ᵘᵐ; cf. Burg. 38; Bob. 34; Paris. II, 30; Floriac. 35; Vindob. 39; Merseb. 36).

41. — Présente sous une forme plus développée (procédant du 7ᵉ canon d'Ancyre), une décision canonique contenue dans le c. 79 du Vallicell. I (cf. Étude sur le *Vallicell. I*ᵘᵐ, p. 306) Vindob. 90; Merseb. 48).

42. — Les principales décisions contenues dans le c. 42 sont reproduites sous une forme brève à la fin d'un *judicium canonicum* des *Capit. Judic.*, XVI, 1 (cf. Vindob. 51; Merseb. 49; Vallicell. I, 81). Notre texte est beaucoup plus développé.

43. — Analogue au c. 77 du Vallicell. I, qui est un texte canonique (Voir l'étude précitée, p. 306; cf. Vindob. 52; Merseb. 50).

44. — Reproduit un texte d'une série canonique, le c. 35 du *Sangall. tripart*, présente cette particularité, dans Halitgaire comme dans *Sangall.*, que la pénitence y est calculée par semaines. Se retrouve avec une sanction différente dans Vindob. 66; dans Merseb. 74 et dans Vallicell. I, 97.

45. — Séries canoniques du *Sangall. tripart.*, 29 et des *Capit. Judic.*, V (Burg. 21; Bob. 19; Paris. II, 13; Hubert. 21; Sangall. simplex, 12; Vindob. 19; Merseb. 19; Vallicell. I, 66).

46. — Séries canoniques du *Sangall. tripart.*, 28 et des *Capit. Judic.*, III, 1 (Burg. 55; Bob. 31; Hub. 37; Floriac. 32; Vindob. 36; Merseb. 33).

47. — Séries canoniques du *Sangall. tripart.*, 36, et des *Capit. Judic*, XX, 1 (Burg. 23, chiffre erroné, pour 22; Bob. 20; Paris II, 14; Hub. 22; Floriac. 20; Sangall. simplex, 13; Merseb. 28; Vallicell. I, 54).

48. — Série canonique du *Sangall. tripart.*, 38 (Burg. 23; Bob. 21; Paris. II, 15; Hub. 23; Floriac. 21; Vindob. 24; Merseb. 21; Vallicell. I, 61).

49. — Séries canoniques du *Sangall. tripart.*, 37 et des *Capit. Judic.*, XIII, 1 (Burg. 39; Bob. 35; Floriac. 36; Sangall. simplex, 21; Vindob. 40; Merseb. 37; Vallicell. I, 62).

50. — Série canonique des *Capit. Judic.*, XII, 1 (Burg. 40 ; Bob. 36 ; Hubert. 41 ; Floriac. 37 ; Sangall. simplex, 22 ; Vindob. 41 ; Merseb. 38 ; Vallicell. I, 63).

51. — Séries canoniques du *Sangall. tripart.*, 39, et des *Capit. Judic.*, II, 1 (Burg. 26 ; Bob. 23 ; Paris. II, 18 ; Vindob. 27 ; Merseb. 40 ; Vallicell. I, 65).

52. — Séries canoniques du *Sangall. tripart.*, 40 et des *Capit. Judic.*, XXIV (Burg. 32 ; Paris. II, 24 ; Floriac. 30 ; Sangall. simplex, 27 ; Vindob. 33 ; Merseb. 30 ; Vallicell. I, appendice).

53. — *Judic. Theodori.*, dans les *Capit. Judic.*, XII, 2 (Burg. 41 ; Bob. 37 ; Paris. II, 33 ; Hubert. 43 ; Floriac. 38 ; Sangall. simplex, 24 ; Vindob. 41 ; Merseb. 39 ; Vallicell. I, 118).

54. — Apparenté de très près à un texte canonique, *Capit. Judic.*, VIII, 1. Un des deux textes a cependant été déformé (cf. Vindob. 5 ; Merseb. 51 ; Vallicell. I, 20).

De ces observations un double fait se dégage. Des canons 1-54 du livre VI d'Halitgaire, nous en avons examiné 43. Or aucun de ces canons ne semble original. Seul le c. 53 se rattache à Théodore ; il a d'ailleurs figuré dans les pénitentiels francs dès le temps de la rédaction du pénitentiel de Bourgogne. Les autres canons, au nombre de 42, qui, en immense majorité, ont aussi trouvé place dans ces pénitentiels francs, remontent par leur origine à la série des dispositions canoniques.

II

L'examen de la série des canons 1-54 révèle aussi un autre fait. Il existe des liens étroits entre les canons de cette série et le pénitentiel de S. Colomban [1].

L'influence de ce pénitentiel se manifeste dès le début du livre VI d'Halitgaire. Sans doute les canons 1 à 4, sur l'homicide présentent, par suite d'interpolations inintelligentes, un ensemble

1. WASSERSCHLEBEN, p. 353 et s.

confus et contradictoire. Toutefois il est facile de se convaincre que le c. 1 dépend du c. 1 de la série B de S. Colomban, dont il ne donne que la partie essentielle [1], et que le c. 2, au moins pour la disposition concernant le laïque, semble représenter avec quelques adoucissements [2] le c. 13 de la même série.

Le c. 5, *Si quis infantem oppresserit...* résume la première phrase du c. 18 B du pénitentiel de Colomban [3].

Le c. 6 procède du pénitentiel de Colomban, B, 3, dont il reproduit l'essentiel sous une forme plus brève. Comme on l'a dit plus haut [4], ce canon figure dans nombre de pénitentiels francs et a passé, sous une forme plus développée, dans les séries canoniques du *Sangall. tripart.* et des *Capit. judic.*

Le canon 7 procède de Colomban, B, 4.

Le c. 8 procède de Colomban, B, 8, mais la pénitence imposée dans ce canon est quelque peu différente de celle de Colomban. Celui-ci inflige une pénitence invariable de sept ans (il s'agit d'un clerc marié qui, promu à un ordre majeur, reprend les relations avec sa femme). Notre texte semble appliquer ici les pénitences, variées suivant l'ordre du coupable, qui doivent être subies par les clercs coupables d'adultère, d'après le canon précédent. On a mentionné plus haut [5] les rapports de ce texte avec les séries canoniques et les pénitentiels francs.

Le c. 10 est une mauvaise leçon du c. 10 de la série B de Colomban. Le c. 11 reproduit le c. 11 de la même série. On a relevé plus haut [6] les relations qui existent entre ces deux canons et les textes canoniques employés dans les pénitentiels francs.

1. Ce texte se trouve aussi, mais non abrégé, dans Burg. 1; sous une forme plus brève dans Bob. 1; sous sa forme plus longue dans Paris. II, 3; sous la forme brève dans Hubert. 1.; Floriac. 1, Vindob. La forme longue reparaît dans Merseb. 1 et dans Vallicell. I, 1.

2. L'exil, qui figure dans le texte de S. Colomban, a disparu dans notre texte, suivant une modification assez fréquente. De trois ans de pénitence au pain et à l'eau, la sanction a été réduite à trois ans dont un seulement au pain et à l'eau.

3. Voir sur la parenté de ce texte avec les textes canoniques, ce qui est dit ci-dessus, p. 534.

4. Voir p. 534.

5. Voir p. 534.

6. Voir p. 535.

Le c. 13, sur la sodomie, procède du c. 15 B du pénitentiel de S. Colomban (tandis que le c. 6 qui traite du même objet, se rattache à Colomban, B, 3).

Le c. 14 reproduit à peu près exactement le c. 14 de Colomban, B.

Le c. 15, résume Colomban, B, 23.

Les c. 16 et 17 procèdent de Colomban, B, 16.

Le c. 18 reproduit la première phrase de Colomban, B., 17.

Le c. 22, sauf un détail, répète Colomban, B, 5. Il est aussi apparenté aux séries canoniques des pénitentiels triples, comme on l'a montré plus haut [1].

Le c. 23, qui se rattache aussi aux séries canoniques [2], développe en y ajoutant des distinctions, une règle qui figure dans le c. 22 du pénitentiel de Colomban, B.

Les c. 24 et 25, dont il a aussi été parlé plus haut [3], sont apparentés à Colomban B, 20, dont ils renversent l'ordre, modifient quelques termes, et sur un point changent la sanction.

Le c. 28 se rattache aux c. 7 et 19 du pénitentiel B de Colomban.

Le c. 30 se rattache aussi au c. 19 de ce pénitentiel.

Les c. 31 et 32, dont on a montré plus haut [4] les attaches canoniques, résument le c. 6 de la série B de S. Colomban.

Enfin le c. 42 reproduit le pénitentiel de Colomban, B, 24. Ce texte est d'ailleurs apparenté à des textes canoniques [5].

En résumé, il est hors de doute que, en étudiant les canons 1-54 du livre VI d'Halitgaire, on peut dresser une liste de 22 canons en relations avec les canons du pénitentiel de S. Colomban. Cette liste comprend, avec d'autres textes, tous les canons qui n'ont pas été relevés comme provenant des textes purement canoniques. Ainsi nous sommes

1. Voir p. 535.
2. Voir p. 535.
3. Voir p. 535-536.
4. Voir p. 536.
5. Voir p. 537.

amené à en conclure que le pénitentiel de S. Colomban est, avec les séries canoniques, la source de la première série (1-54) du livre VI d'Halitgaire.

Mais ces deux sources, la série canonique et le recueil de S. Colomban, sont-elles profondément différentes l'une de l'autre ? Peut-être elles ont différé à l'origine, mais, à mon sens, de bonne heure, elles ont été fusionnées. Cela explique l'analogie frappante qui existe entre quelques *judicia* des séries canoniques des pénitentiels triples et les textes de Colomban [1]. Cela explique encore qu'un pénitentiel ancien comme le pénitentiel de Bourgogne soit fait surtout de la combinaison de textes canoniques et de textes de Colomban. Enfin cela permet de comprendre pourquoi certains canons du livre VI d'Halitgaire (6, 8, 10, 22 à 25, 31, 32, 44) figurent à la fois sur nos deux listes comme dépendant de la série canonique et de la série de Colomban. A dire vrai, il n'est nullement choquant de croire que les clercs de la Gaule franque, pour lesquels l'illustre abbé de Luxeuil n'était ni un inconnu, ni un étranger, ont accueilli les dispositions pénitentielles qui se présentaient sous le patronage de son nom, bien plus tôt et bien plus facilement qu'ils n'ont fait pour les textes d'origine insulaire, colportés sous des noms qui leur étaient beaucoup moins familiers. Si l'on veut bien admettre cette hypothèse, qui me semble très vraisemblable, on peut considérer les textes de Colomban comme un complément naturel de la série canonique.

Il en résulte que toute cette série 1-54 [2] du livre VI d'Halitgaire doit être tenue pour une collection de textes que Halitgaire et ses contemporains considéraient comme

---

1. Exemples : analogies entre Colomban A 5, et le texte canonique du *Sangall. tripart.*, c. 14 ; entre Colomban A 12, et le c. 31 de la série canonique du *Sangall.*, etc.

2. Il faut faire une réserve pour le c. 53 qui dépend de Théodore.

des textes canoniques. C'est, à vrai dire, la série canonique du pénitentiel d'Halitgaire.

CHAPITRE II

La Série de Cumméan (55-77)

L'identification des canons de la série 55-77 a été rendue facile par la publication récente d'un texte d'un intérêt capital pour l'histoire des pénitentiels. Ce texte, dont nous devons la connaissance à la perspicacité de M. le docteur J. Zettinger [1], n'est autre que le pénitentiel composé vers le milieu du vii° siècle, en Irlande ou en Écosse, par un auteur du nom de Cumméan, qui pourrait bien être l'abbé du monastère de Hy en Écosse, mort en 661 ou 662. On constate sans peine (la liste suivante en fera foi), que les canons de notre série proviennent tous de ce recueil, qui paraît d'ailleurs avoir, dès le viii° siècle, exercé une influence considérable sur l'Église des Gaules. Sans doute, entre les textes du pénitentiel d'Halitgaire et les textes de Cumméan, se manifestent, à diverses reprises, des différences, qui portent principalement sur les chiffres des années de pénitence indiquées pour chaque péché. Mais il semble impossible d'attribuer une signification caractéristique à ces variantes qui s'expliquent facilement par les erreurs des scribes, si fréquentes quand il s'agit de reproduire des chiffres notés d'après la numération romaine.

---

1. *Das Pænitentiale Cummeani*, dans l'*Archiv für katholisches Kirchenrecht*, LXXXII (1902), p. 505 et s. Le texte, accompagné d'observations critiques d'une haute valeur, est publié d'après un manuscrit provenant du monastère de Lorsch et conservé actuellement sous le n° 845 du fonds Palatin latin de la Vaticane. La publication de ce texte éclaire d'un jour nouveau l'origine des pénitentiels.

Halitgaire		Cumméan	Halitgaire		Cumméan
55	dépend de	I, 1	67	dépend de	X, 2
56		II, 1	68		XI, 1 et 2
57		II, 2	69		XI, 4
58		IX, 1	70		XI, 5
59		IX, 2	71		XI, 7
60		IX, 10	72		XI, 11
61		IX, 11	73		XI, 14
62		IX, 12	74		XI, 19, 20
63		IX, 13	75		XI, 23-25
64		IX, 14	76		XI, 26, 27
65		IX, 16	77		XI, 29
66		X, 1			

Il n'y a point à en douter, notre série n'est qu'un extrait du pénitentiel de Cumméan ; elle en suit l'ordre et parfois en reproduit les rubriques [2]. Ce pénitentiel, originaire du pays celtique, et inspiré par une morale qui n'est nullement relâchée, traite successivement des huit péchés capitaux [3] à chacun desquels il consacre un titre, et y ajoute trois titres traitant de matières variées [4]. Ce sont surtout ces trois titres qui ont été mis à contribution. Le dernier, qui a fourni le plus grand nombre de textes.

1. Les canons 58 à 62 sont étroitement apparentés aux canons de Gildas 9, 12, 21, 23, 24 (WASSERSCHLEBEN, *die Bussordnungen*, p. 106-107). Cependant il paraît certain que l'auteur du livre VI n'a pas pris ces textes dans le pénitentiel de Gildas, mais bien dans celui de Colomban, qui les avait empruntés à Gildas. L'examen attentif du texte suffit à justifier cette opinion. Ce serait donc une erreur que de ranger avec WASSERSCHLEBEN (*op. cit.*, p. 58) le pénitentiel de Gildas parmi les sources immédiates du livre VI.

2. Il s'agit notamment des rubriques des trois derniers titres (voir ci-dessous, note). Celle de l'avant-dernier a été reproduite incomplètement sous cette forme : *Priorum instituta patrum nostrorum*. — Celle du dernier a été altérée et est devenue : *de dissensibus sacrificium*, ou *de dissensionibus sacrificii* ou encore *de dispensationibus sacrificii*.

3. *Gula, fornicatio, filargiria, ira, tristitia, accidia, jactantia, superbia*.

4. *De minutis causis*. Vient ensuite un titre commençant ainsi : *Ponamus nunc de ludis puerilibus priorum statuta patrum nostrorum*. Enfin le dernier titre est intitulé *de quaestionibus sacrificii*.

prévoit les fautes qui peuvent être commises à propos de la célébration du sacrifice eucharistique et de la conservation des espèces consacrées, matière que les recueils des canons ou des décrétales semblent avoir négligée.

L'exemplaire plus ou moins complet du recueil de Cumméan sur lequel travaillait Halitgaire (ou le clerc dont il a emprunté l'œuvre), était certainement assez corrompu, à moins que la transcription n'en ait été faite avec légèreté.

Il n'est que juste de remarquer que cette série du livre VI d'Halitgaire est apparentée avec les séries du *Sangallense tripartitum*, des *Capitula Judiciorum*, et de l'*Excarpsus* [1], qui procèdent aussi du pénitentiel de Cumméan [2].

CHAPITRE III

SÉRIE D'ORIGINE INCERTAINE. (78-104)

La dernière série du livre VI d'Halitgaire, qui comprend les canons 78-104, diffère sensiblement des précédentes, si bien que Wasserschleben, en cela suivi par Mgr. Schmitz [3], considérait cette partie comme étrangère au texte primitif. Les manuscrits ne fournissent aucune base à cette opinion, qui semble absolument arbitraire.

Un nombre assez considérable de canons appartenant à

1. L'*Excarpsus* (WASSERSCHLEBEN, p. 460 ; SCHMITZ. II, p. 599) est à coup sûr un pénitentiel composite, mais il contient beaucoup de textes de Cumméan. Il existe une grande analogie entre les canons 58-78 d'Halitgaire et ceux qui sont insérés dans l'*Excarpsus*, XIII, 1-23.

2. On doit remarquer que nombre de textes qui figurent dans cette série d'Halitgaire ont trouvé place dans les pénitentiels francs. Ainsi 68, 69, 75 et 76 correspondent aux c. 78, 77, 82 et 83 de Mersebourg, 77 répond à Bobbio, 46 ; 75 et 76 à Vindob. 69, etc.

3. WASSERSCHLEBEN, p. 372, note 3 ; SCHMITZ, I, p. 485, note 1.

cette série figurent aussi dans des pénitentiels francs datant de diverses époques du ixe siècle, mais postérieurs aux pénitentiels d'Halitgaire. Ce sont les pénitentiels de Pseudo-Théodore [1], de Pseudo-Egbert [2] et de Pseudo-Bède [3], qui, plus ou moins, dépendent de l'œuvre d'Halitgaire. Il va de soi que cette observation ne nous donne aucune lumière sur l'origine des canons de cette série.

Quelques décisions de la dernière partie du livre VI d'Halitgaire sont apparentées avec des canons de pénitentiels francs qui sont antérieurs à l'époque où écrivit l'évêque de Cambrai, ou contemporains de cette époque. Ce sont les suivants :

Halitgaire.

78	présente quelque analogie avec Floriac.,		40.
84	—	— Merseb.,	146.
86	analogue à Merseb., 108 et Vallicell., I,		82.
80	est apparenté à Merseb., 31 ; Vallicell., I, 60 et Vindob., 34.		
92	est apparenté à Merseb.,		147.
94	— à Hubert, 55 ; Floriac, 46 et Merseb., b, 12[e]		
95	apparenté à Hubert.		53.

1. 98 d'Halitgaire	est apparenté à Pseudo-Théodore, xvi,		11.
99	— —		12.
100	— —		6.
102	analogue à la fin de		15.

On rencontre d'ailleurs dans le pénitentiel de Pseudo-Théodore d'autres textes répondant à des textes du livre VI d'Halitgaire ; mais quand ces textes contiennent une sanction, elle a été modifiée. Ainsi :

81, 82, 83	—	Pseudo-Théodore, xvi,	3, 4 et 5
89 et 90	apparentés à	viii,	18 et 19
92	analogue à	iv,	12
96	reproduit le début de	xvii,	3
101	analogue à	xvi,	8

2. Quoiqu'on puisse remarquer certaines différences des textes, les c. 28, 25, 26, 29 et 31 du livre IV de Pseudo-Egbert répondent aux c. 99, 89, 93, 103 à 102 du livre VI d'Halitgaire. Les quatre derniers de ces canons ont, dans le recueil de Pseudo-Egbert, conservé la fixation de la pénitence par semaines, telle qu'on la rencontre dans Halitgaire.

3. Le § 3 du c. XXXIX du recueil de Pseudo-Bède reproduit les c. 79, 81, 83, 87, 89, 90, 92 *in fine*, 98, 99, 100, 102 et 105 du livre VI

Cette observation prouve seulement qu'un certain nombre de nos canons ou des dispositions qui leur étaient apparentées (sept au moins) circulaient dans l'Empire franc à la fin du VIIIe siècle ou au commencement du IXe.

Il est en outre possible de constater que les matières traitées dans notre série, d'après un plan fort peu méthodique, se retrouvent en général dans les pénitentiels, et ont été pour la plupart l'objet de dispositions qui figurent dans les séries antérieures du livre VI d'Halitgaire. Il en est ainsi de l'homicide (c. 79, 80, 88 *in fine*, 97), de l'inceste, de la fornication et de l'adultère (c. 84 et 85, 87, 91-93), du vol (c. 89 et 90), du crime de ceux qui mangent la chair d'animaux immolés aux idoles ou dont le genre de mort leur est inconnu (c. 86, 88, 98 et s). Il faut d'ailleurs remarquer que l'auteur de notre série s'étend avec complaisance sur les pénitences que méritent ceux qui se nourrissent d'aliments impurs. Sur ces divers points il semble certain qu'il ait voulu compléter les textes insérés dans les deux premières séries de son recueil [1].

Un autre caractère de ces canons est que les pénitences y sont comptées par semaines, et non par années, par quarantaines ou par jours, comme c'est l'usage dans les autres recueils, et même, sauf une exception [2], dans les premières parties de celui-ci. Je sais bien qu'on rencontre, de ce mode de computation, quelques exemples dans les autres recueils ; mais ces canons, qui semblent procéder

d'Halitgaire ; on y retrouve les semaines de pénitence qui caractérisent cette portion du livre VI. Il est à remarquer que le pénitentiel de Pseudo-Bède a fourni beaucoup d'éléments aux *Libri de synodalibus causis* de Réginon.

Les recueils cités dans les notes précédentes sont publiés dans le volume de Wasserschleben.

1. Voyez par exemple, les dispositions de cette troisième série sur l'homicide, qui visent des hypothèses caractérisées par des circonstances particulières.

2. Voir c. 44.

de pénitentiels insulaires, tels que ceux de Vinniaus et de Théodore [1], sont épars dans divers recueils, tandis que les nôtres ont été intentionnellement recueillis en un groupe compact.

Notre troisième série tient, dans le livre VI d'Halitgaire, la place qu'occupent, dans d'autres recueils antérieurs ou contemporains, les textes empruntés à Théodore. Or aucun des canons de cette série n'est apparenté aux textes répandus sous le nom de l'archevêque de Canterbury; visiblement l'auteur, qui ne pouvait ignorer les canons si répandus de Théodore, s'est attaché à ne point les mettre à contribution. Bien plus, il a inséré diverses dispositions qui sont en opposition formelle avec les décisions de Théodore. Ainsi le c. 92 se prononce pour l'indissolubilité absolue du mariage, sans admettre aucune des atténuations particulières qui caractérisent la discipline exposée par l'archevêque de Canterbury [2]. De même le c. 85 condamne le mariage avec une parente (*cognata*), quelle qu'elle soit; cette prescription, conforme au droit commun de l'Église du viiie et du ixe siècle, fondé sur le concile romain de 721, est notablement plus sévère que les prescriptions de Théodore sur ce point [3]. Enfin le c. 94 autorise les veufs et veuves à convoler en secondes noces sans les soumettre à aucune pénitence; il impose une pénitence légère pour le troisième mariage, et une pénitence plus grave pour le quatrième.

1. VINNIAUS, 7; d'où BÈDE, IV, 10; Pseudo-BÈDE, XIII, 1; *Penitentiale Martenianum*, 51, c 10.

THÉODORE, I, 12, 8, qui se retrouve dans BÈDE, VII, 11.

THÉODORE, I, VIII, 3 et 4; EGBERT, IX, 4; Pseudo-BÈDE, XI, 2; *Martenianum*, 70, § 5; Pseudo-THÉODORE, XIII, 21.

THÉODORE, I, VIII, 4; EGBERT, IX, 5; *Martenianum*, 70, p. 5.

BÈDE, III, 32; Pseudo-THÉODORE, XIII, 6; III; Pseudo-THÉODORE, XVI, 28.

On trouvera tous ces recueils dans le volume de WASSERSCHLEBEN, *die Bussordnungen*.

2. Exemples : THÉODORE, II, XI; 8, 9, 20, 23.

3. THÉODORE, II, XI, 15.

En cette matière il est beaucoup plus indulgent que Théodore, qui inflige des pénitences sévères aux conjoints veufs qui se remarient [1]. Théodore en cette matière obéit sans doute à la tradition rigoriste de l'Église d'Orient à laquelle il appartenait par son origine, tandis que le c. 94 d'Halitgaire se rapproche davantage de la tradition plus pratique et plus sensée de l'Église romaine, qui laisse aux veufs la liberté de mariages ultérieurs. Sur ces trois points, le livre VI d'Halitgaire suit bien plus fidèlement que Théodore la tradition de l'Église latine [2].

Peut-être n'est-il pas inutile d'ajouter que les c. 81 et 82 du livre VI d'Halitgaire développent le vieux principe d'après lequel tout fidèle en danger de mort a droit à être réconcilié s'il manifeste les dispositions convenables, sauf à accomplir les œuvres de pénitence au cas où il viendrait à recouvrer la santé. Or c'est là un principe sur lequel insistent particulièrement les recueils pénitentiels inspirés par les réformateurs du ixe siècle, par exemple la collection dite *Dacheriana* [3], le livre IV de la collection dite *Quadripartitus* [4], et le livre III du recueil composé par Halitgaire [5]. De même le c. 83 de notre livre VI permet l'oblation pour l'âme de celui qui est mort après avoir fait l'aveu de sa faute sans avoir eu le temps d'obtenir sa réconciliation : ce texte révèle une préoccupation qui a été partagée par l'auteur de la *Dacheriana* [6]. Il n'est pas téméraire d'y trouver une preuve nouvelle de l'accord qui existait entre les tendances des réformateurs de la

---

1. THÉODORE, I, XIV, 2 et 3.
2. On peut mentionner que le c. 78, sur l'homicide commis par le soldat en temps de guerre, *in expeditione publica*, est à la fois plus sévère que les textes correspondants de Théodore (I, IV, 6), et cependant plus pratique à cause des distinctions sensées qu'il contient.
3. *Dacheriana*, III, 1.
4. C. 4 à 8 du livre IV de cette collection, publié par Richter.
5. HALITGAIRE, III, 1 et 2.
6. *Dacheriana*, III, 23.

première moitié du ixe siècle et celles que témoigne la dernière série du livre VI d'Halitgaire.

Telles sont les observations qui se dégagent, à mon avis, de l'examen de cette dernière série.

CHAPITRE IV

CONCLUSION SUR LE LIVRE VI D'HALITGAIRE

Nous avons établi que le livre VI d'Halitgaire est composé de trois parties. La première (1-54) est faite de textes canoniques additionnés, comme il arrive souvent en Gaule, de textes empruntés à S. Colomban. La seconde (55-77) est composée de textes tirés du recueil celtique de Cumméan; s'il en est au moins deux sur la fornication des clercs (56-57), qui s'accordent assez mal avec les canons de la première série, on peut dire qu'en général ces décisions de Cumméan complètent, sans les contredire, les décisions canoniques. Tel est aussi le but de la troisième partie (78-104), où s'affirment nettement certaines tendances caractéristiques de la réforme ecclésiastique de la première moitié du ixe siècle. Il ne faut d'ailleurs point s'attendre à trouver dans l'ensemble formé par la reproduction de ces parties un ordre rigoureux et méthodique. Des canons de la deuxième et surtout de la troisième partie se rattachent à des matières traitées dans la première; on peut signaler d'ailleurs, même parmi les canons de la première partie, des répétitions qu'il est difficile d'expliquer [1].

Halitgaire, qui mit au jour ce pénitentiel entre 817 et 831 [2], déclare qu'il n'en connaît pas l'auteur; mais il

---

1. Le c. 15 reproduit la décision du c. 11; le c. 18 celle du c. 10.

2. Ces dates extrêmes sont imposées, comme l'a reconnu MAASSEN (*Geschichte der Quellen* I, p. 869), par les limites de l'épiscopat d'Halitgaire.

ajoute qu'il l'a tiré des archives de l'Église romaine (*quem de scrinio Romanae Ecclesiae adsumpsimus* [1]). Les observations qui précèdent établissent suffisamment qu'au sens étroit du mot, le livre VI d'Halitgaire n'est nullement une œuvre d'origine romaine; plus des quatre cinquièmes des matériaux qui la composent sont des matériaux canoniques très répandus en Gaule et des matériaux celtiques. Ce n'est pas à Rome que les clercs de l'Église de Cambrai avaient besoin de recourir, au commencement du ix° siècle pour découvrir et rassembler ces éléments. Sans doute, on trouve, à la fin du livre VI, une vingtaine de canons d'origine incertaine ou inconnue ; mais quoique quelques-uns d'entre eux reproduisent la discipline canonique, aucun ne présente un caractère spécifiquement romain.

Si ce livre a été fait en Gaule, il n'est pas impossible qu'Halitgaire qui en fut certainement le vulgarisateur, en ait été aussi le compilateur. Sur ce point d'ailleurs, il est difficile de se prononcer avec certitude. Toutefois la question est de peu d'importance; car, en supposant que le livre VI n'ait pas été compilé par Halitgaire, l'évêque de Cambrai l'a fait sien en l'insérant à la fin de son grand recueil. Il peut paraître étrange qu'Halitgaire, qui était un prélat du parti réformateur, ait ainsi lancé dans la circulation un tarif de pénitences à l'ancienne manière. On sait en effet que le rêve des réformateurs était de se débarrasser des recueils où pullulaient des dispositions d'origine étrangère et d'authenticité douteuse, pour en revenir à l'application des règles pénitentielles posées par les canons et les décrétales des collections reçues dans l'Église, application qu'ils entendaient en chaque cas laisser à la discrétion prudente des ministres de la pénitence. Mais ce rêve n'était guère réalisable, à cause de l'état d'esprit d'une partie du clergé. Beaucoup des prêtres char-

---

[1]. Voir la préface du livre VI.

gés de diriger le peuple chrétien se souciaient peu d'être
renvoyés à des règles assez élastiques, laissant une marge
fort large au discernement de ceux qui devaient les appliquer; j'imagine que nombre de pasteurs peu éclairés,
tels qu'il pouvait s'en trouver dans les campagnes de
l'Empire carolingien, aimaient bien mieux les anciens
pénitentiels, qui étaient en quelque façon des guide-ânes,
donnant pour chaque cas une solution toute faite. Halitgaire estima probablement que des pénitentiels de ce
genre étaient un mal nécessaire [1]; aussi tint-il à compléter le recueil tiré des conciles et des décrétales qu'il
avait composé à la demande d'Ebbon, en y ajoutant le tarif
de pénitences qui constitue le livre VI [2]. Remarquez qu'il
est en somme demeuré fidèle à son programme, puisque
ce livre VI est composé surtout de décisions en harmonie
avec les canons de l'Église universelle; l'auteur n'y a
inséré des textes insulaires que sur des points qui ne
contredisaient pas cette discipline [3], et il a exclu les éléments fournis par Théodore, que, pour de graves raisons,
les réformateurs tenaient en suspicion. C'est ainsi que le
livre VI d'Halitgaire est conforme aux tendances générales du droit canonique au temps de la réforme qui
marque la première moitié du ixe siècle.

Il résulte de ce qui a été inséré ci-dessus qu'Halitgaire n'a certainement pas trouvé son pénitentiel tout fait.

1. La persistance des pénitentiels dans les siècles postérieurs
(voyez par exemple le succès du *Corrector* de Burchard de Worms)
prouve que Halitgaire ne se trompait pas.

2. La pensée d'Halitgaire est nettement exprimée dans la courte
préface du livre VI. Si les textes des livres antérieurs sont insuffisants,
si le lecteur n'y peut trouver *quæ desiderat de singulorum criminibus*, il
sera plus heureux en consultant le livre VI : « in hac saltem brevitate
novissima omnium scelera forsitan inveniet explicata. »

3. Par exemple il emprunte les décisions de Cumméan relatives à la
conservation des espèces eucharistiques, matière que ne traitaient pas
les canons et les décrétales des recueils de Denys.

dans les archives de l'Église romaine. Dès lors, comment expliquer l'affirmation qu'il écrit à ce sujet dans sa préface ? Vraisemblablement, pour donner plus d'autorité à son péniténtiel, Halitgaire aura usé d'une supercherie qu'il n'estimait pas bien coupable. Les procédés de ce genre n'effrayaient pas outre mesure la conscience des hommes cultivés du ix° siècle; de même Tite-Live et les historiens de l'antiquité ne se faisaient aucun scrupule de placer dans la bouche de leurs personnages des discours entièrement apocryphes. Halitgaire lui-même pouvait voir, dans la bibliothèque de sa cathédrale, un manuscrit du sacramentaire grégorien, transcrit au temps de son prédécesseur Hildoard, qui s'ouvrait par ce titre : *In nomine Domini hic sacramentorum de circulo anni exposito a sancto Gregorio, Papa Romano editum ex authentico libro Bibliothecac cubiculi scriptum* [1]. Il n'y a pour s'étonner de ce procédé, dont devaient naître bientôt les Faux Capitulaires et les Fausses Décrétales, que les hommes qui connaissent insuffisamment l'époque carolingienne. A mon sens, Halitgaire a voulu, par ce moyen, donner plus de crédit au recueil qu'il a composé lui-même, ou qu'il a fait composer, ou qu'il a trouvé tout fait, mais qui en tout cas, ressemble par bien des côtés aux pénitentiels en usage dans l'Église franque au commencement du ix° siècle.

D'ailleurs, au sens large du mot, l'épithète de Romain n'est pas absolument impropre quand il s'agit du livre VI d'Halitgaire. Ce pénitentiel est Romain parce qu'il représente surtout la discipline canonique de l'Église d'Occident, préservée de certaines modifications provenant des recueils insulaires et notamment du recueil de Théodore ; or cette discipline canonique est assimilée par nombre de textes à

---

1. Mention qui figure en tête du manuscrit 162-163 (ix° siècle) de la Bibliothèque de Cambrai, qui contient un sacramentaire grégorien (E. Bishop. *Notes and Studies* dans le *Journal of theological Studies*, n° 15, p. 415). [Voy. *Revue*, II, 1897, p 280.]

l'*Institutio Romana*, à la *Consuetudo Romana* [1]. Ce pénitentiel est encore Romain parce qu'il est l'expression des tendances des réformateurs qui, se soustrayant de plus en plus
aux influences insulaires, tournaient leurs regards du côté
de Rome ; alors en effet l'Église des Gaules, se ressouve-
nant de ses lointaines origines, cherchait à se rattacher
plus étroitement à l'Église-mère à laquelle elle deman-
dait un renouveau de jeunesse, de vigueur et de liberté.

C'est en ce sens, et en ce sens seulement qu'on peut
appeler Romain le pénitentiel qui constitue le livre VI de
l'œuvre de l'évêque de Cambrai.

1. Schmitz, p. 21. Il ne convient pas d'invoquer ici le texte sur la
consuetudo Romana cité (p. 253) par Mgr Schmitz comme étant l'extrait
d'un écrit adressé par Halitgaire à Ebbon ; c'est en réalité un fragment
d'Innocent Ier (Denys, c. 8).

V

PÉNITENTIEL D'ARUNDEL. — LE PÉNITENTIEL DU PSEUDO-
GRÉGOIRE III. — LE PÉNITENTIEL ROMAIN D'ANTOINE AUGUSTIN.
— CONCLUSION GÉNÉRALE.

Mgr Schmitz a encore classé parmi les pénitentiels romains le pénitentiel désigné, à raison de la collection où en est conservé le manuscrit, sous le nom de pénitentiel d'Arundel [1]. Ce recueil provient d'un manuscrit, jusqu'ici unique, appartenant au fond Arundel du British Museum, où il porte le n° 201. Le manuscrit est donné comme datant du XIII° siècle ; d'après l'information qu'a bien voulu me transmettre M. Edward Scott, il a été incontestablement transcrit par la main d'un scribe anglais.

Visiblement l'auteur de ce recueil tient, sur beaucoup de points, à se rattacher aux prescriptions canoniques [2] ; mais il ne se fait pas scrupule de les modifier et d'en compléter les sanctions. Au surplus, le pénitentiel d'Arundel reflète l'organisation, déjà développée, et codifiée, de la féodalité ; c'est ainsi qu'il distingue entre la guerre publique (*publicum bellum* [3]) dirigée par le roi et celle que dirige le *princeps*, et qu'il énumère quatre serments de fidélité (*sacramentum fidelitatis regis, aut principis, aut patriae, aut domini* [4]).

---

1. SCHMITZ, I, p. 432 et ss.
2. C'est peut-être à cause de cela qu'on trouve en tête du recueil la mention : *Ex paenitentiali Romano.*
3. C. 11.
4. C. 32.

D'ailleurs le pénitentiel d'Arundel cite à plusieurs reprises des textes provenant des conciles de la seconde moitié du ix° siècle (Worms, 868; Troyes, 878; Tribur, 895 [1]). Il est donc certain qu'il n'a pu être rédigé avant le x° siècle. J'imagine qu'il date plutôt du xi°. C'est une œuvre tardive, isolée, qui n'a exercé qu'une très faible influence. Encore que le recueil d'Arundel essaie de repro-duire la discipline canonique, il n'y a pas la moindre raison d'y voir un livre qui se rattache par ses origines à l'Église romaine. Je crois qu'il serait superflu d'insister sur ce point.

Je tiens, en terminant, à dire quelques mots de deux recueils que leurs titres permettraient à des observateurs superficiels de considérer comme des pénitentiels romains, quoique Mgr Schmitz ne les range pas dans le groupe des pénitentiels auxquels il attribue cette qualité.

Il convient d'abord d'appeler l'attention du lecteur sur le pénitentiel dit de Grégoire III [2]. Ce recueil, publié par Mansi, puis par Wasserschleben, a été fait de divers élé-ments parmi lesquels on peut signaler quelques textes conciliaires de l'*Hispana*, un canon apocryphe du concile de Chalcédoine [3], des textes pénitentiels tirés des séries diverses qui circulaient dans l'Empire franc, et quelques fragments de la lettre, d'authenticité incertaine, adressée par saint Grégoire à saint Augustin de Canterbury [4]. A ces textes l'auteur a ajouté, à diverses reprises, des réflexions personnelles ; il a introduit assez fréquemment

---

1. Le concile de Tribur est cité dans le c. 1. Le c. 7 est en relations avec un canon de Worms (c. 39) qui défend au maître de faire punir un esclave sans jugement. Le c. 10 rappelle le canon 36 de Tribur; le c. 16 répète le c. 27 de Worms. Le c. 25 procède d'une décision du concile de Troyes de 878 (cf. SCHMITZ, *op. cit.*, passim).

2. Texte dans WASSERSCHLEBEN, p. 581 et s. Cf. p. 85.

3. WASSERSCHLEBEN, p. 510 et 682.

4. JAFFÉ-WATTENBACH, *Regesta Pontificum Romanorum*, n° 1843.

des atténuations aux pénitences, sous la formule *humanius dicunt*, et il a inséré un certain nombre de définitions empruntées aux *Etymologiae* d'Isidore de Séville.

Ce recueil, présenté comme l'œuvre du pape Grégoire III, est certainement apocryphe. En effet, ainsi que Wasserschleben l'a montré [1], l'auteur a utilisé dans sa préface la lettre d'Ebbon à Halitgaire, placée en tête du pénitentiel de l'évêque de Cambrai. Or cette lettre a été rédigée entre 817 et 830, tandis que le pontificat de Grégoire III remonte aux années 731-741. Ce ne peut donc être l'œuvre de Grégoire III ; il va de soi que ce n'est pas l'œuvre d'un de ses successeurs, qui n'eût pas emprunté le nom d'un pontife antérieur en date pour donner autorité à ses décisions. C'est donc une œuvre purement privée. J'ajoute que cette œuvre a exercé quelque influence en Italie et n'en a exercé que là. Le pénitentiel dit de Grégoire III a passé presque tout entier dans le livre IX, consacré à la pénitence, de la collection canonique du *Vaticanus* 1349 ; il y est dépecé et mêlé à beaucoup d'autres textes pénitentiels, authentiques ou apocryphes. Il a aussi servi au rédacteur de la collection canonique en cinq livres du *Vaticanus* 1339, et a fourni ainsi des éléments aux nombreux recueils italiens qui en sont issus. Il y a donc lieu de croire que le pénitentiel du pseudo-Grégoire III est l'œuvre d'un clerc italien qui ne l'a certainement pas composé avant le milieu du IXe siècle. A-t-il été composé à Rome, nous n'oserions pas plus l'affirmer que le nier.

En tête de ses *Canones paenitentiales*, imprimés à Valence en 1583, Antoine Augustin a publié un recueil qu'il a appelé *Paenitentiale Romanum*. Dans sa préface, il déclare qu'il n'y a pas à se méprendre sur la valeur de cet ouvrage. C'est, il n'y a pas à en douter, un recueil

1. P. 85.

de basse époque, où se rencontrent des textes de Grégoire VII, d'Urbain II et même de Calixte II et d'Innocent II. On y trouve aussi des textes canoniques [1], des fragments pseudo-isidoriens et d'autres apocryphes, des textes d'origine insulaire, des interrogations à l'usage des confesseurs. Quelques-uns des textes qui y sont insérés portent spécialement l'inscription *Ex Paenitentiali Romano;* la plupart de ces fragments, mais non tous, proviennent du livre VI d'Halitgaire [2]. En tout cas cette inscription répétée en tête de divers chapitres prouve bien que, dans la pensée du compilateur, cette œuvre considérée dans son ensemble n'était pas un pénitentiel romain; c'est donc à tort qu'on lui a attribué et qu'on lui attribue rait encore cette qualité.

Arrivé au terme de cette série d'études, portant sur les pénitentiels que Mgr Schmitz a classés comme des pénitentiels romains et sur deux autres recueils en faveur desquels on pourrait, à première vue, formuler les mêmes prétentions, je crois devoir présenter en bref mes conclusions générales.

1. Le *Vallicell. I^um* est, à mon avis, un recueil tiré des trois séries de textes (série canonique, série de Théodore et série de Cumméan) en usage dans l'Église franque dès

---

1. Des textes des conciles germaniques du ixe siècle, concile de Tribur et autres, y ont été insérés.

2. (Page 12) I, 33 = Hal. VI, 46.

  (Page 24) III, 19 =   -   54.

  (Page 28) III, 22 et 23 portent l'étiquette *ex paenitentiali Romano*, mais à tort, je crois; nombre de décisions du chapitre 23 proviennent de Cumméan. Voyez pour en avoir la preuve : *Cap. Judic.,* VII, 11; X, 3, et *passim* (les chiffres de la pénitence sont parfois modifiés). Le chapitre 22 me semble devoir être rattaché à Théodore, I, viii, et aux recueils qui en procèdent. On pourrait faire une observation analogue sur III, 27 (p. 30).

En revanche (p. 41), IV, 10 = Hal. VI. 26 et 27.

—   (p. 47), V, 12 est apparenté à Hal., VI, 75.

la seconde moitié du viii° siècle. Dans ce recueil s'est introduit un texte lombard.

2. Le *Vallicell. II^um* est l'œuvre d'un canoniste italien du x° siècle ou peut-être du commencement du xi°, qui a réuni un grand nombre de *judicia paenitentiae* des trois séries en usage dans l'Église franque, en a modifié quelques-uns, et y a ajouté divers canons (parmi lesquels quelques apocryphes) qui circulaient en Italie. Rien ne nous autorise à croire que cet auteur ait été un Romain.

3. Le pénitentiel *Casinense* est surtout tiré des trois séries des pénitentiels francs ; on y trouve aussi des canons spéciaux aux collections italiennes. Il semble avoir été rédigé en Italie à la fin du ix° siècle ou au x°.

4. Le livre VI d'Halitgaire est une œuvre qui, par l'ensemble de ses caractères, se rattache à l'Église franque et au parti des réformateurs. L'auteur s'est soustrait à l'influence de Théodore pour être aussi canonique que possible, c'est-à-dire pour s'attacher à présenter des décisions, pour la plupart d'origine canonique ou celtique, qui fussent en harmonie avec le droit général de l'Église. C'est en ce sens, mais en ce sens seulement, que son œuvre est romaine. Elle n'a point vu le jour dans l'Église de Rome, en dépit de l'affirmation contraire d'Halitgaire.

5. Le pénitentiel d'Arundel est une œuvre de basse époque. S'il porte la trace d'une inspiration qui procède des textes canoniques, rien ne décèle dans cette œuvre, isolée et sans influence apparente sur le développement des recueils pénitentiels, un auteur romain ou même italien.

6. Le pénitentiel dit de Grégoire III est une œuvre composite, apocryphe, rédigée en Italie par un simple particulier, au plus tôt vers le milieu du ix° siècle.

7. Le pénitentiel dit Romain, publié par Antoine Augustin, est une œuvre tardive, incomplète, qui n'a d'ailleurs aucun droit à l'épithète qui lui a été donnée.

On sait que Mgr Schmitz distinguait les pénitentiels romains des pénitentiels insulaires et francs. Les pénitentiels romains représentent, à son avis, la discipline cononique de l'Église universelle ; les pénitentiels insulaires représentent une discipline particulière ; les pénitentiels francs représentent un mélange de la discipline de l'Église universelle et de la discipline particulière des Iles Britanniques. Mgr Schmitz, a cherché pour soutenir cette thèse, à grouper les pénitentiels qu'il prétendait être romains, en les distinguant des pénitentiels francs. Il est arrivé à présenter comme type des pénitentiels romains le *Vallicell. I^{um}*, le *Vallicell. II^{um}*, le *Casinense* et le livre VI d'Halitgaire [1]. On peut juger de la valeur de cette classification si l'on veut bien remarquer que le livre VI d'Halitgaire est un pénitentiel franc et que les trois autres recueils, d'origine italienne sont faits d'un noyau composé d'emprunts aux trois séries canonique, celtique et anglo-saxonne, circulant en pays Franc, avec des additions caractéristiques de l'Italie. Les additions sont insignifiantes dans le *Vallicell. I^{um}*, le premier en date ; elles sont plus nombreuses dans les deux autres recueils, qui sont moins anciens. C'est donc une erreur de présenter ces pénitentiels comme constituant une catégorie à part, la catégorie des pénitentiels romains, où serait exposé le droit général de l'Église, par opposition aux recueils francs et insulaires.

En réalité l'usage des pénitentiels, c'est-à-dire des listes de pénitences tarifées pour chaque péché, est né dans l'Église celtique et a passé de bonne heure dans l'Église anglo-saxonne. Au VIIIe siècle, il avait gagné

---

1. Je laisse de côté le pénitentiel d'Arundel, qui ne peut fournir aucun argument important dans ces questions. J'omets aussi le pénitentiel de Grégoire III et celui d'Antoine Augustin, qui ne sont pas compris par Mgr Schmitz dans sa classification. D'ailleurs ces textes ne fournissent aucun appui à la thèse de Mgr Schmitz.

l'Eglise franque. Cette Église ne se contenta pas d'emprunter les pénitentiels que lui apportèrent les missionnaires venant des Iles Britanniques ; habituée à la discipline canonique, elle se fit des tarifs de pénitence qui appliquaient cette discipline. Ces tarifs sont les séries canoniques, qui se fondirent plus ou moins avec les séries insulaires. Au ix° siècle, sans doute avec la conquête franque, l'usage des pénitentiels a franchi les monts ; on rencontre alors en Italie des pénitentiels dont les plus anciens sont des transpositions des pénitentiels francs, tandis que les plus modernes ajoutent à l'élément franc des matériaux spéciaux aux recueils de la péninsule.

Telle est à mon sens l'histoire sommaire des pénitentiels. Elle ne laisse aucune place au mythique pénitentiel romain de Mgr Schmitz, qui aurait conservé au viii° siècle la tradition de la discipline canonique primitive, telle que l'appliquait l'Église universelle. A dire vrai, il n'y a pas de pénitentiel romain. Ce qu'on pourrait appeler romain, au sens large que ce mot prit au viii° siècle, ce sont les textes canoniques réunis en séries dans l'Église franque et plus ou moins opposés aux textes de Théodore. Mais ces textes romains, nous ne pouvons les trouver que dans des recueils francs, car c'est en pays franc que l'invasion des pénitentiels insulaires a provoqué la composition des séries canoniques, au nom desquelles on a complété, puis combattu les textes de Théodore.

Sans doute Mgr Schmitz a, sur beaucoup de points, apporté des éléments nouveaux à l'histoire des pénitentiels ; mais il n'a pas réussi à modifier les grandes lignes de cette histoire. Il n'a pas démontré l'existence de pénitentiels, méritant d'être appelés romains, qui soient distincts des pénitentiels francs.

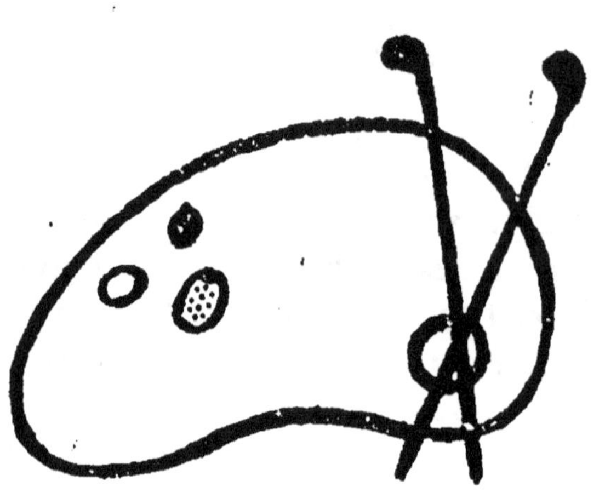

Original en couleur

NF Z 43-120-8